Pflanzen-Mandalas im Jahreskreis

Immerwährender Kalender

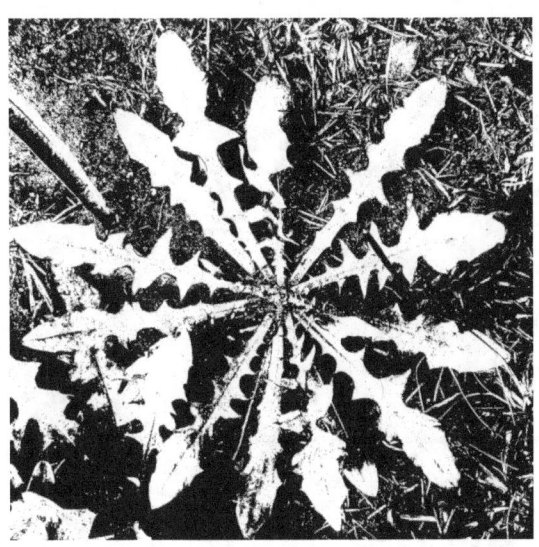

Perennial Plant-Mandalas

Everlasting Calender

Heidrun Siebeneicker

Januar • January

1	16
2	17
3	18
4	19
5	20
6	21
7	22
8	23
9	24
10	25
11	26
12	27
13	28
14	29
15	30/31

Farn, Ginkgo, Storchschnabel, Taubnessel

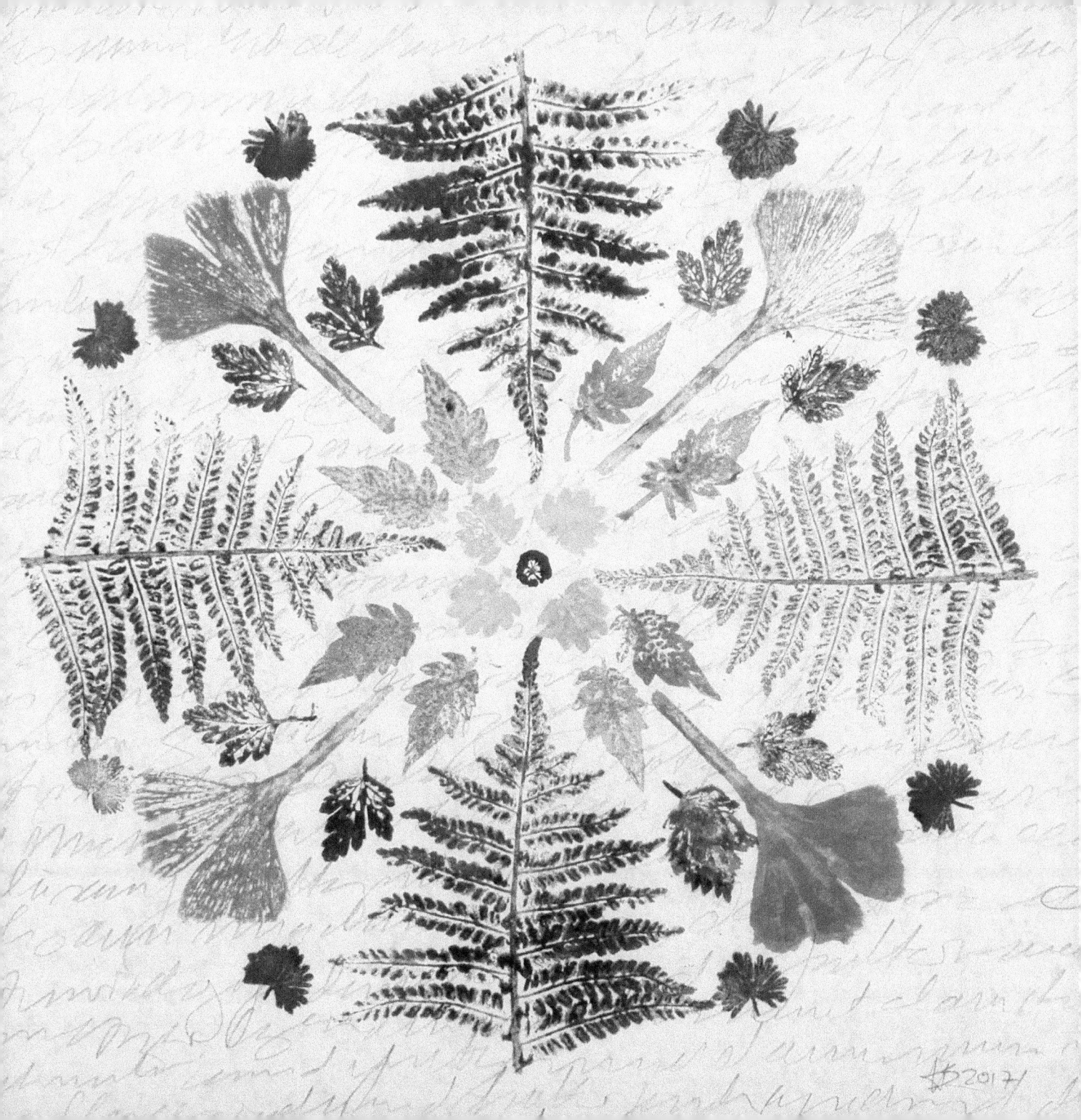

Februar · February

1	16
2	17
3	18
4	19
5	20
6	21
7	22
8	23
9	24
10	25
11	26
12	27
13	28
14	29
15	

Breitwegerich, Spitzwegerich, Platterbse, Petersilie

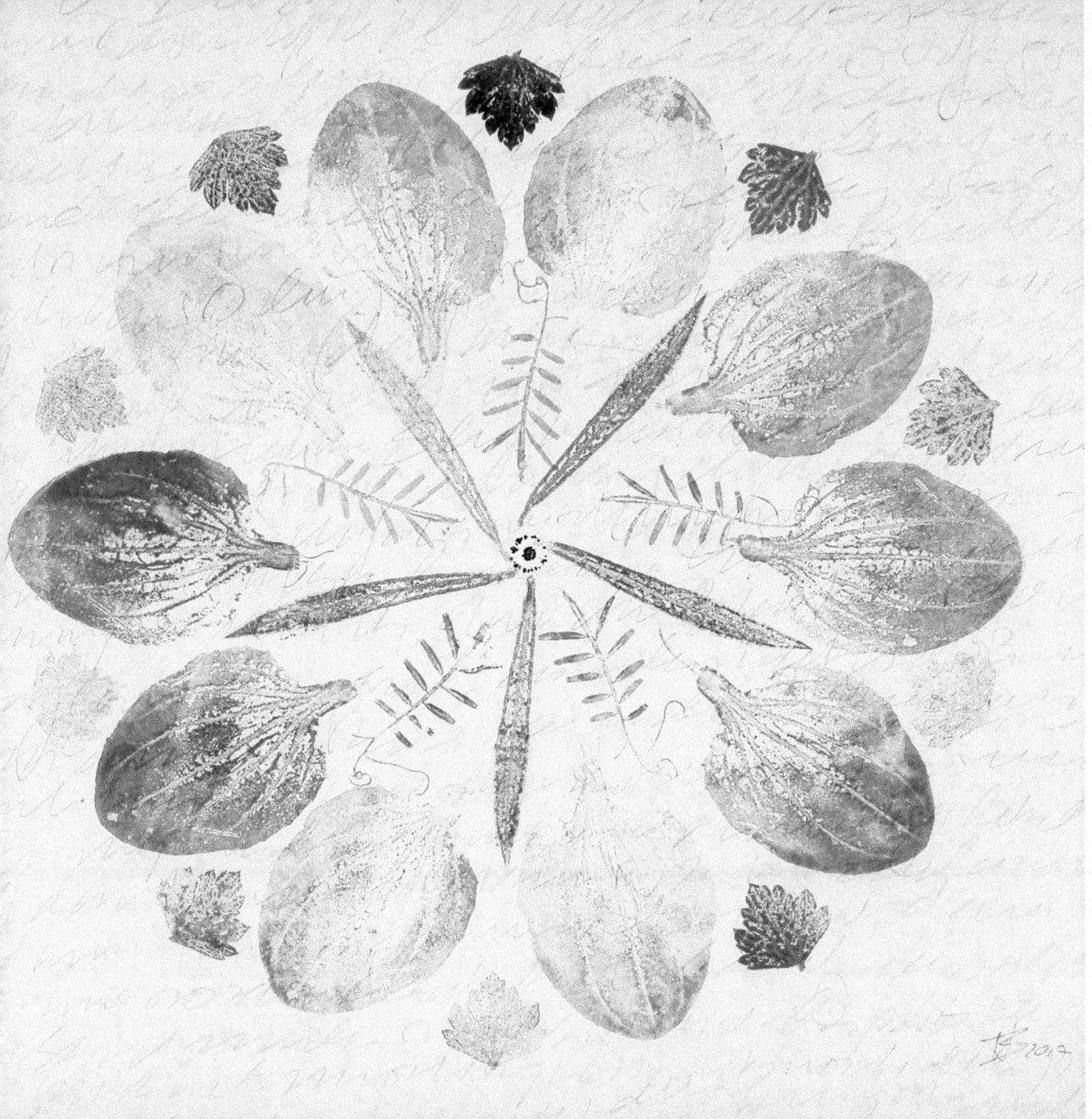

März • March

1	16
2	17
3	18
4	19
5	20
6	21
7	22
8	23
9	24
10	25
11	26
12	27
13	28
14	29
15	30/31

Storchschnabel, Schafgarbe, Klee

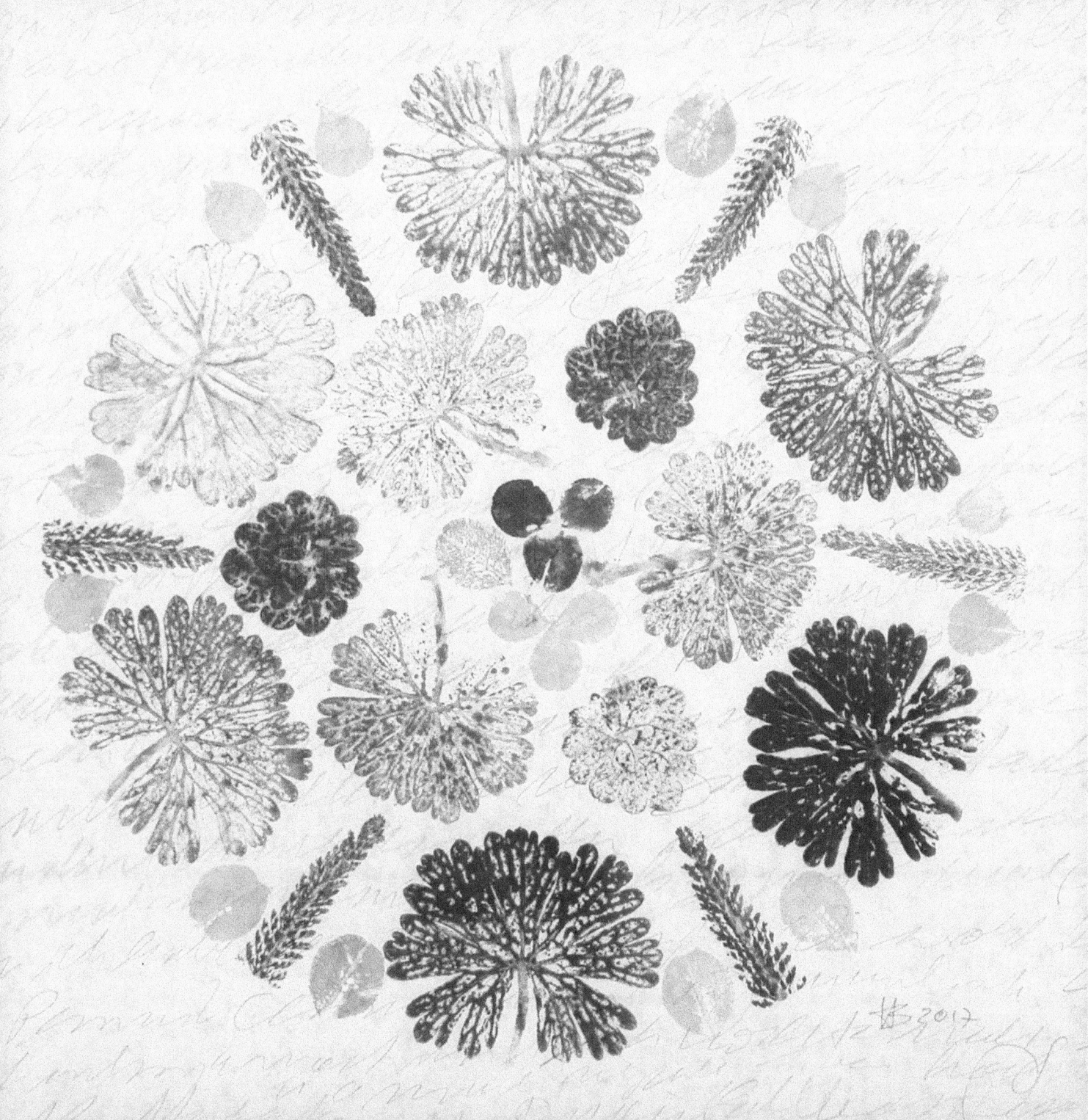

April

1	16
2	17
3	18
4	19
5	20
6	21
7	22
8	23
9	24
10	25
11	26
12	27
13	28
14	29
15	30

Löwenzahn, Weinraute, Spitzwegerich, Melde, Eiche, Mohnkapsel

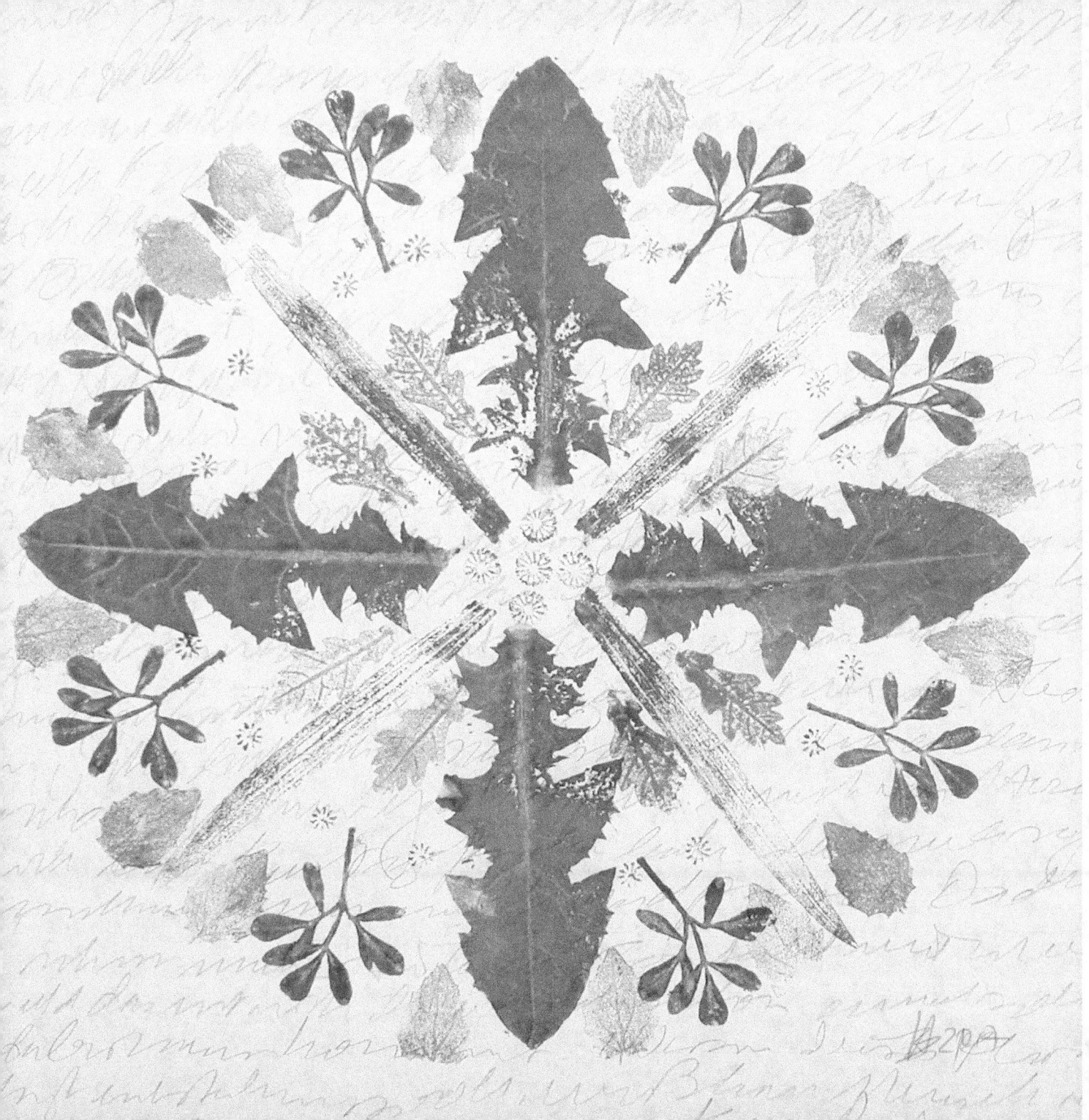

Mai • May

1	16
2	17
3	18
4	19
5	20
6	21
7	22
8	23
9	24
10	25
11	26
12	27
13	28
14	29
15	30/31

Haselnuss, Akelei, Ranunkel, Klee

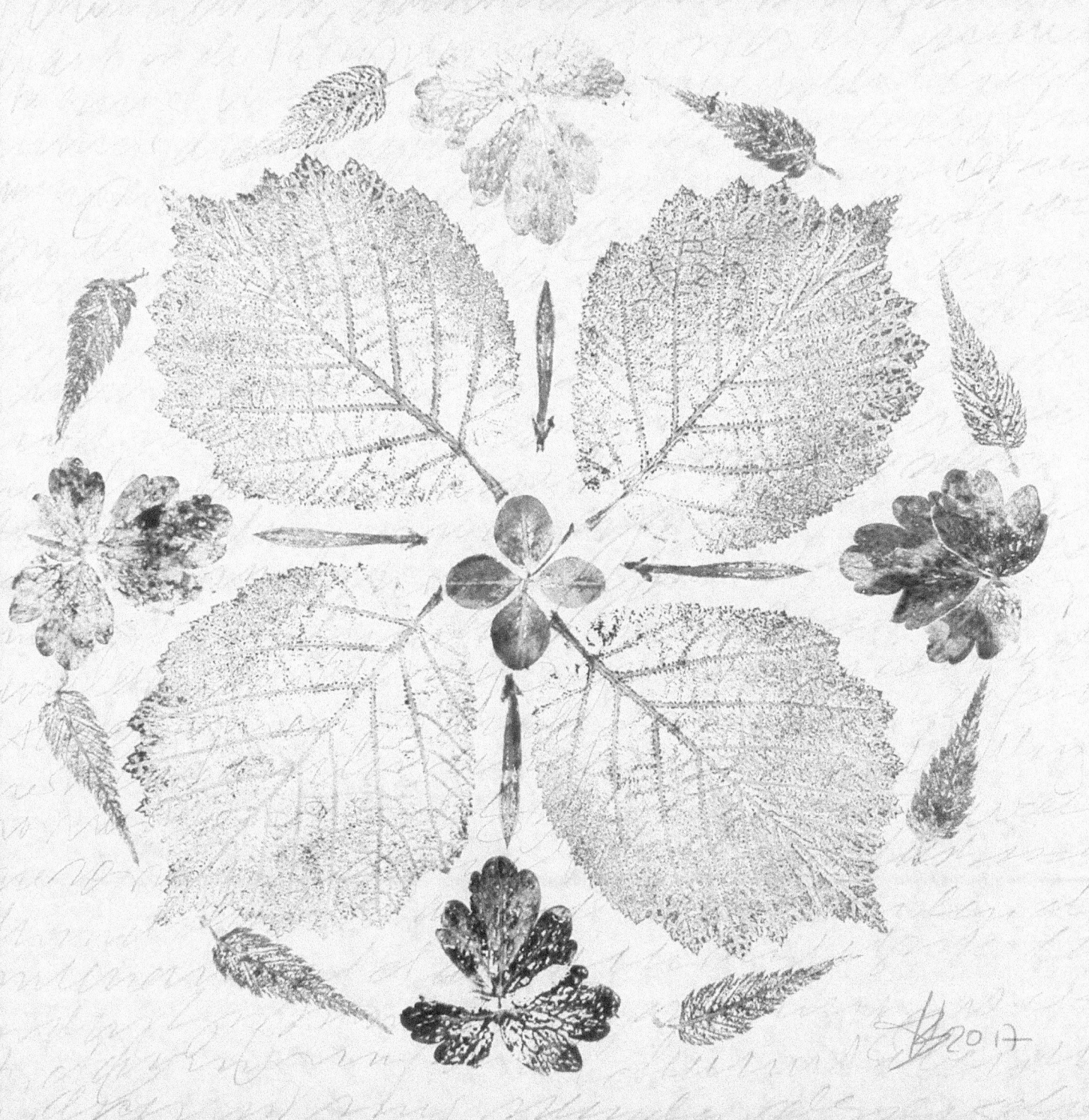

Juni • June

1	16
2	17
3	18
4	19
5	20
6	21
7	22
8	23
9	24
10	25
11	26
12	27
13	28
14	29
15	30

Erdbeere, Rhododendron, Ranunkel, Hirtentäschel, Gundermann

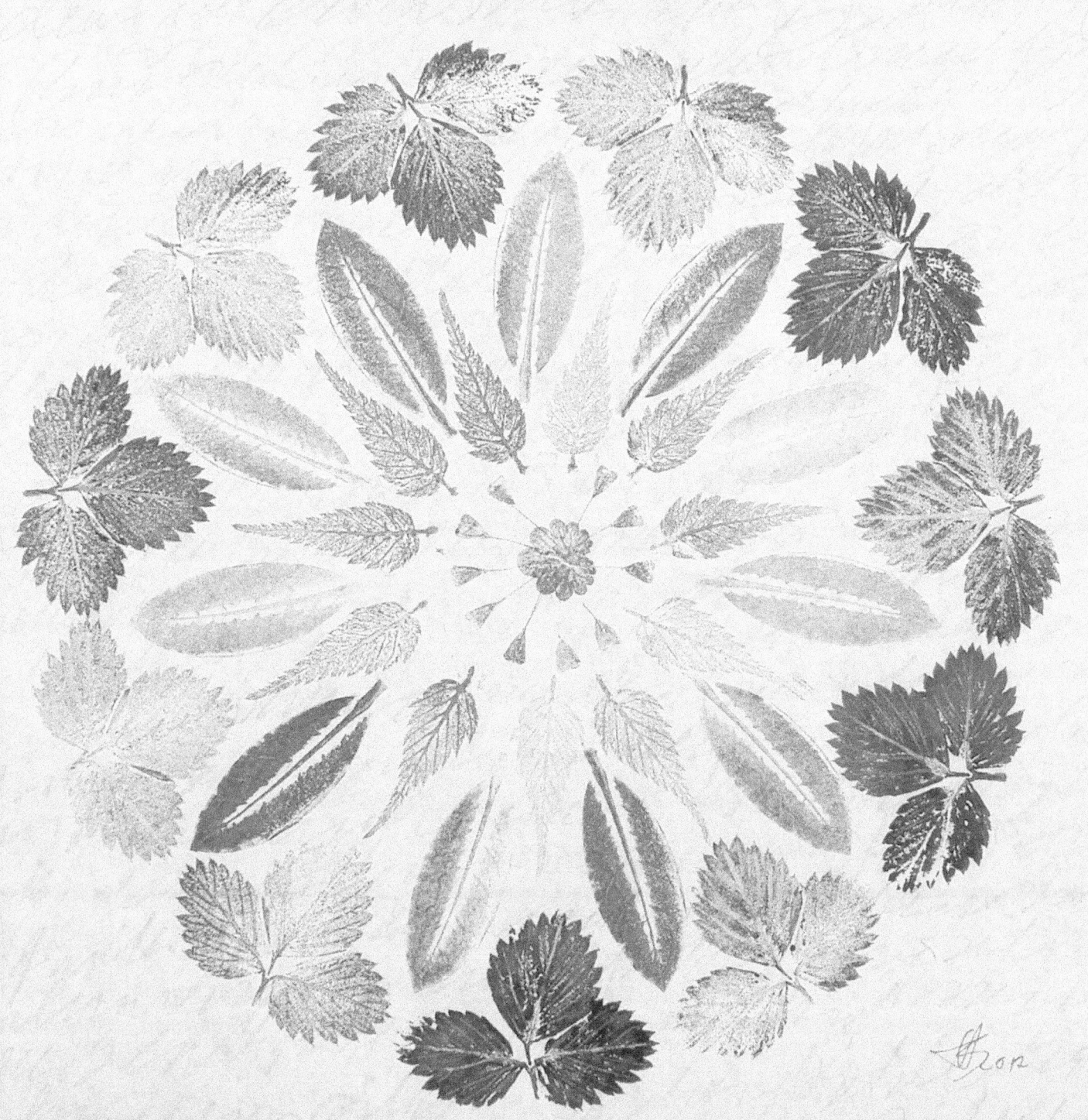

Juli • July

1	16
2	17
3	18
4	19
5	20
6	21
7	22
8	23
9	24
10	25
11	26
12	27
13	28
14	29
15	30/31

Brennnessel, Veilchen, Korbweide, Buchsbaum, Mohnkapsel

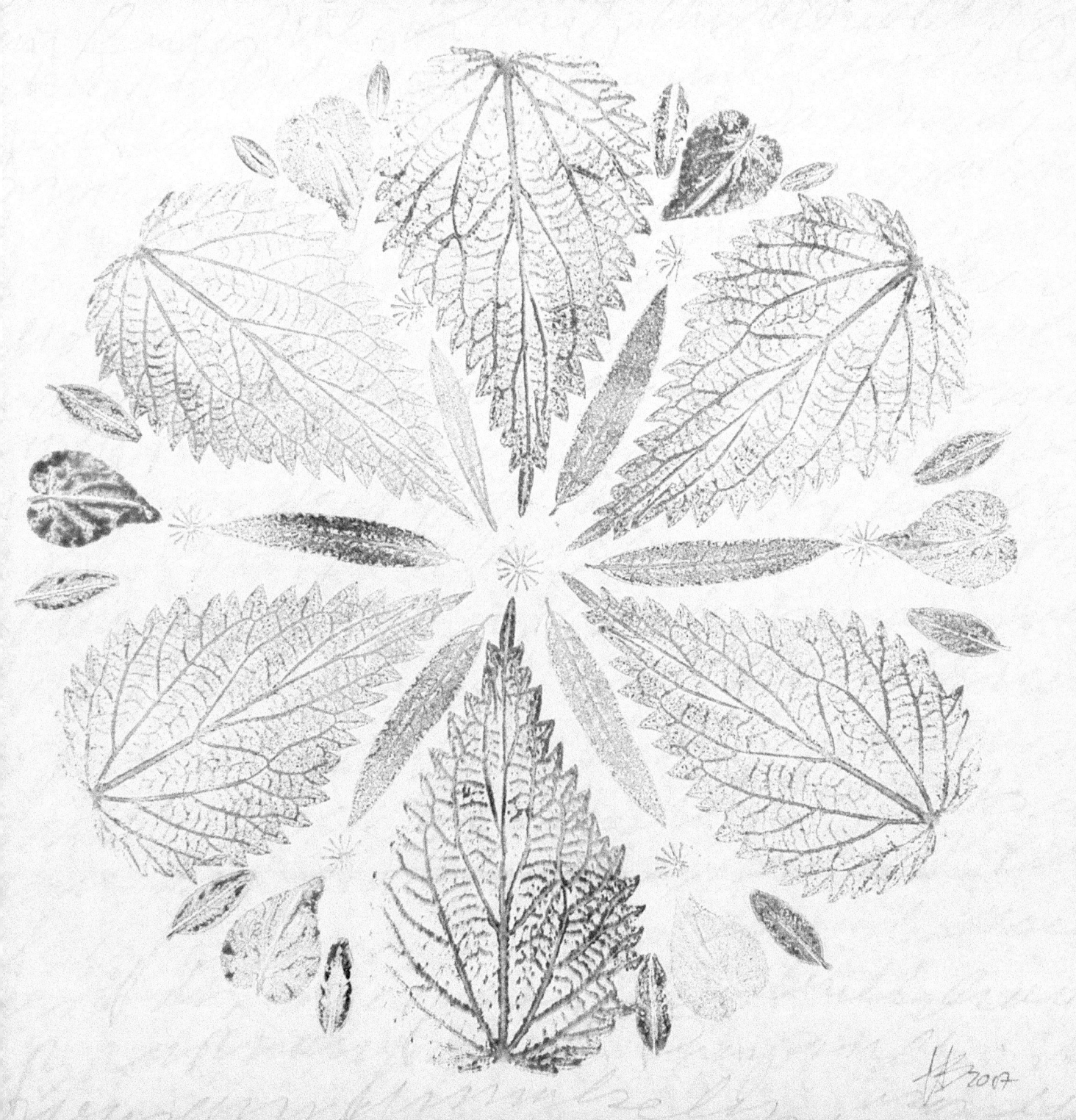

August

1	16
2	17
3	18
4	19
5	20
6	21
7	22
8	23
9	24
10	25
11	26
12	27
13	28
14	29
15	30/31

Rose, Klettenlabkraut, Gundermann

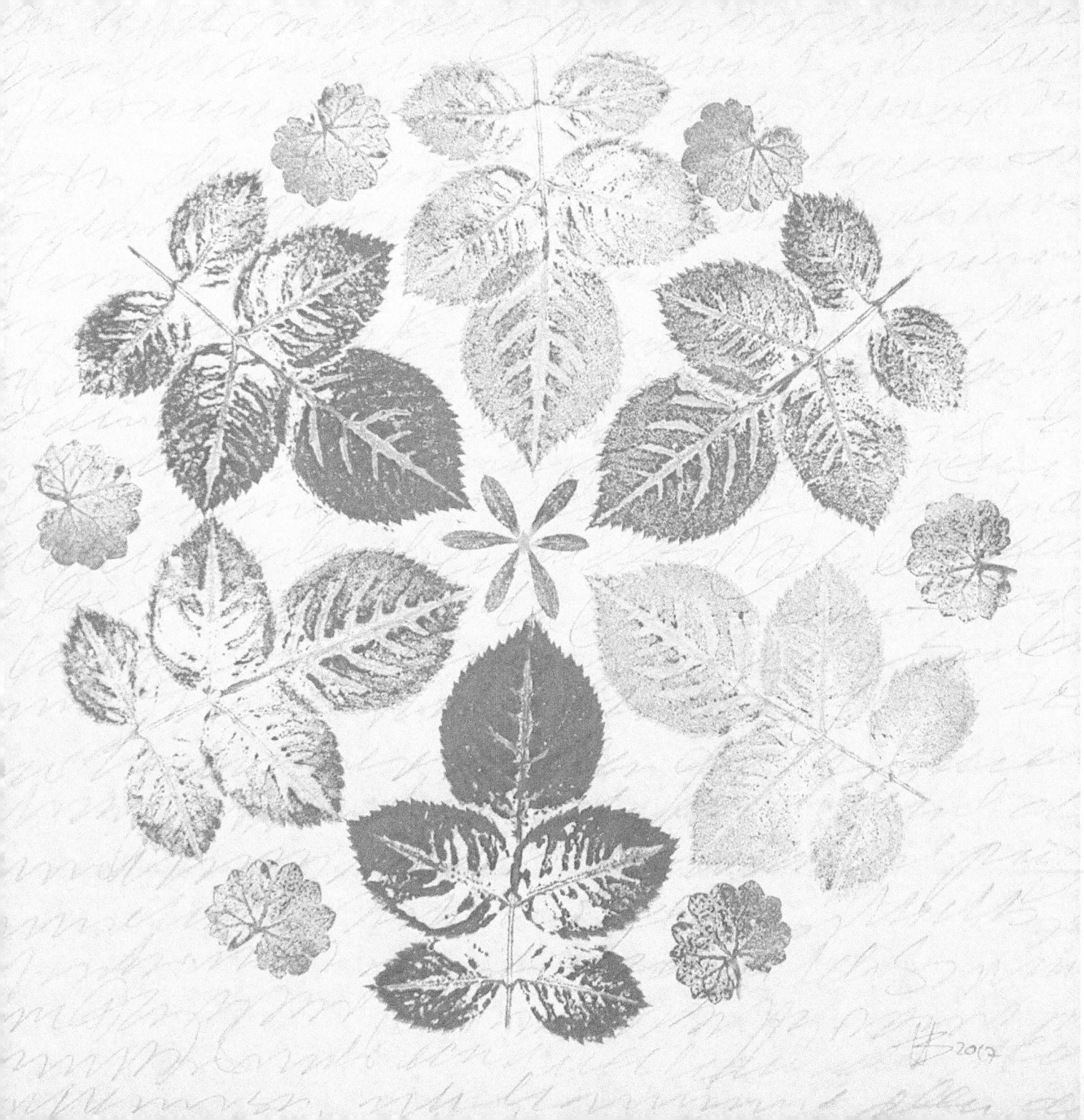

September

1	16
2	17
3	18
4	19
5	20
6	21
7	22
8	23
9	24
10	25
11	26
12	27
13	28
14	29
15	30

Wein, Pfennigkraut, Jasmin, Waldmeister

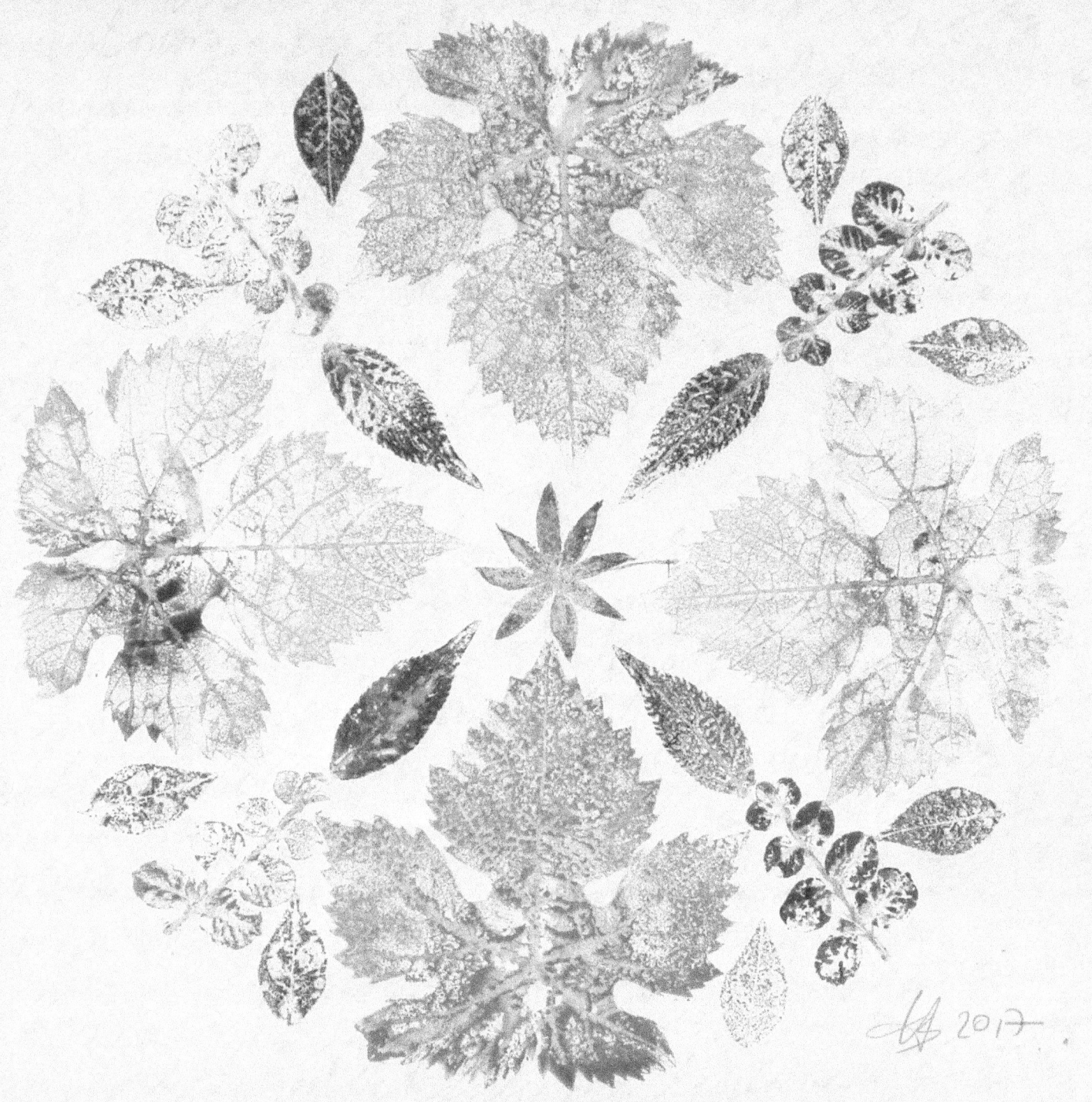

Oktober · October

1	16
2	17
3	18
4	19
5	20
6	21
7	22
8	23
9	24
10	25
11	26
12	27
13	28
14	29
15	30/31

Ahorn, Eiche, Buche, Pimpernelle, Mohnkapsel

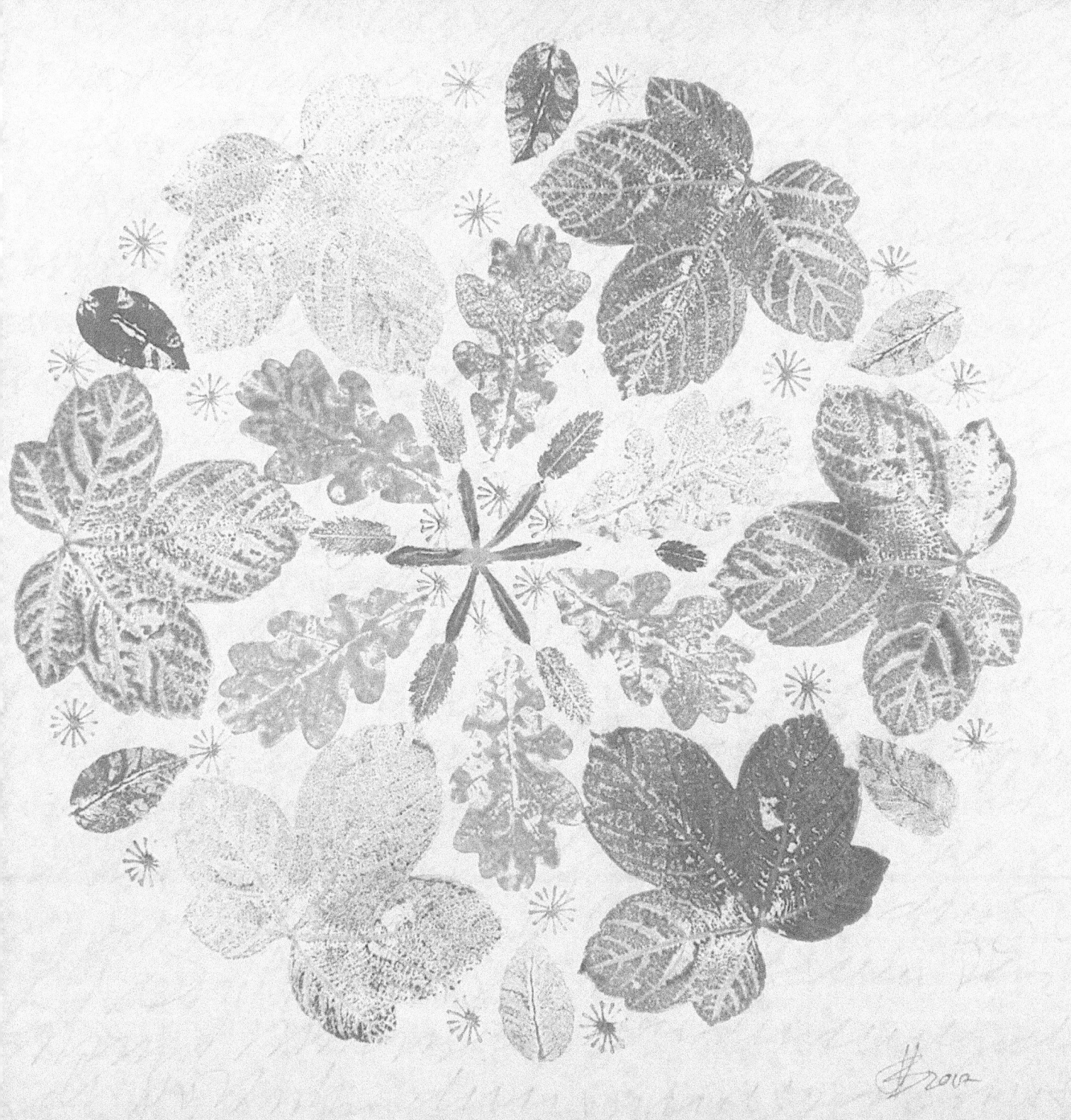

November

1	16
2	17
3	18
4	19
5	20
6	21
7	22
8	23
9	24
10	25
11	26
12	27
13	28
14	29
15	30

Lungenkraut, Birke, Mohn, Waldmeister

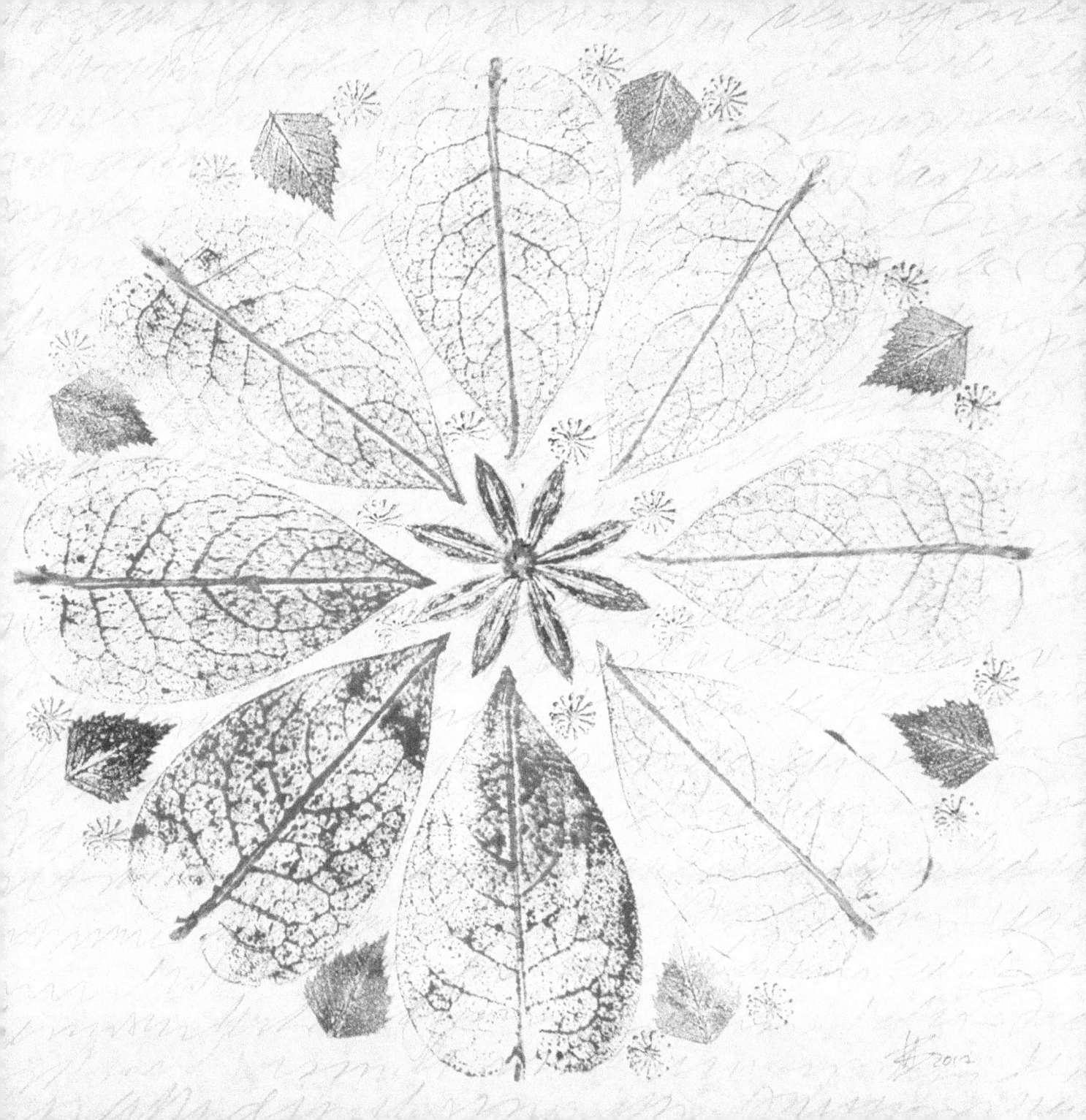

Dezember · December

1	16
2	17
3	18
4	19
5	20
6	21
7	22
8	23
9	24
10	25
11	26
12	27
13	28
14	29
15	30/31

Gewöhnliche Seidenpflanze, Efeu, Forsythie

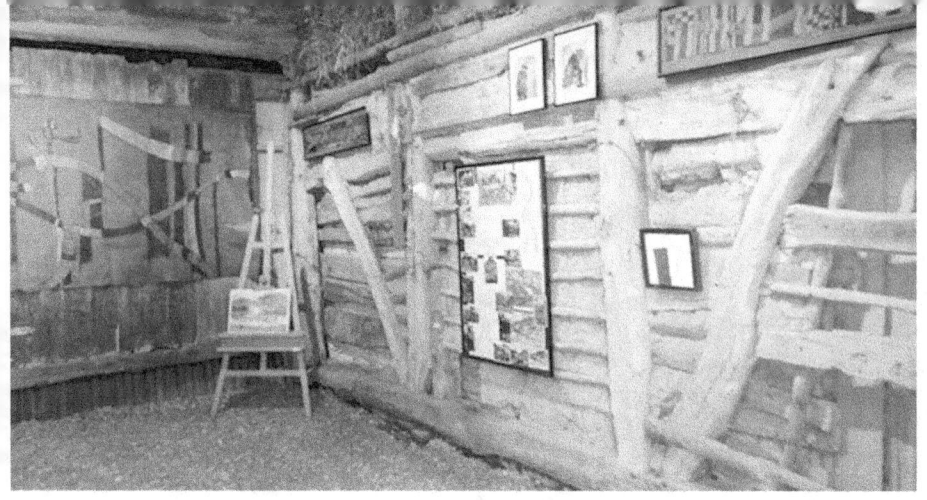
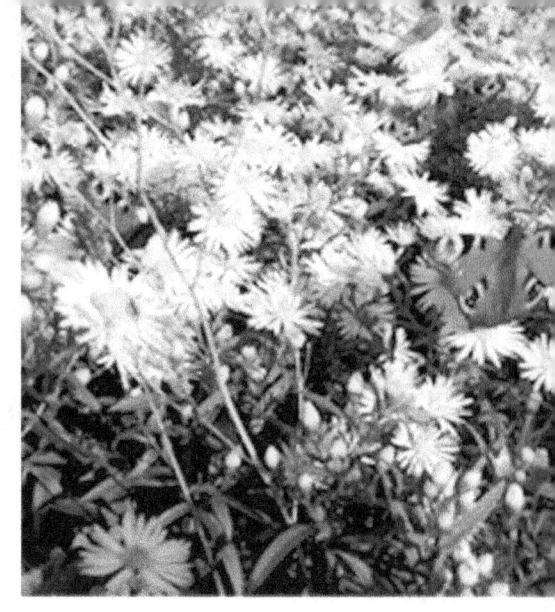
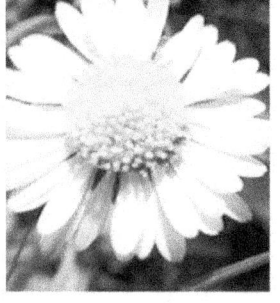
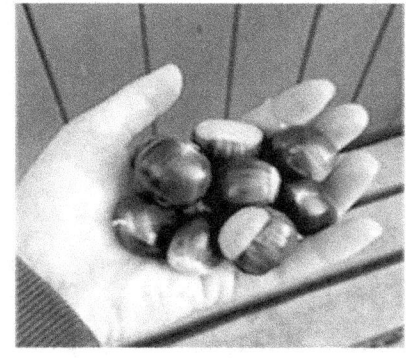

Bin im Garten

Atlier Wisloh, Syke-Jardinghausen

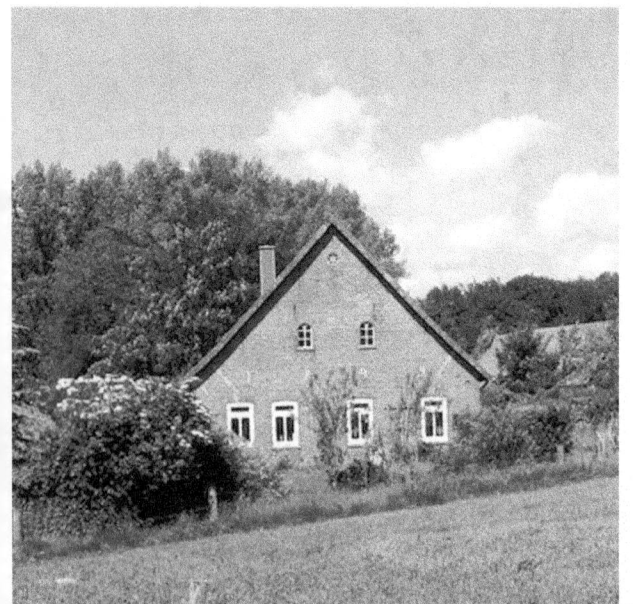
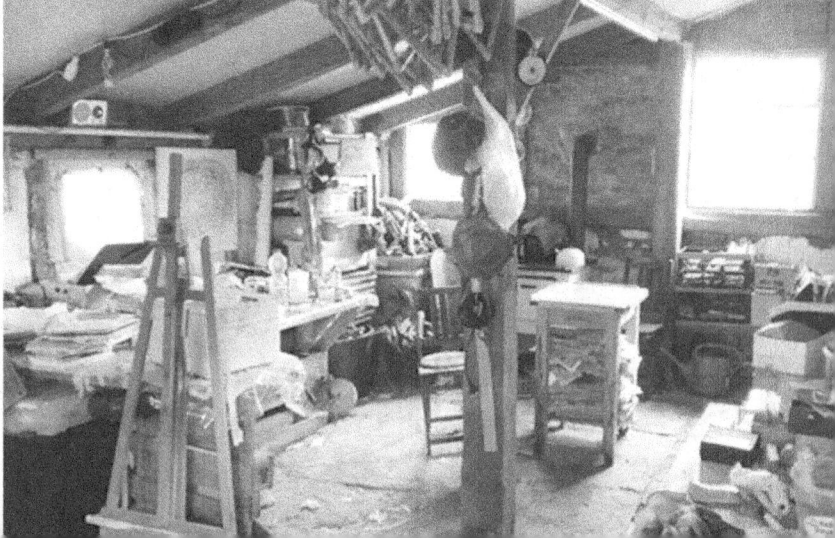

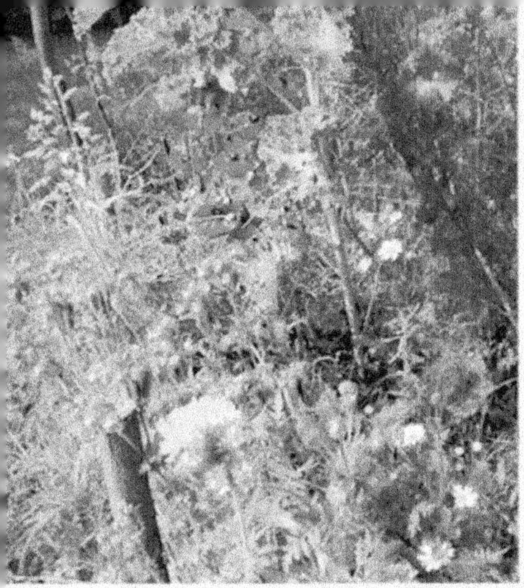

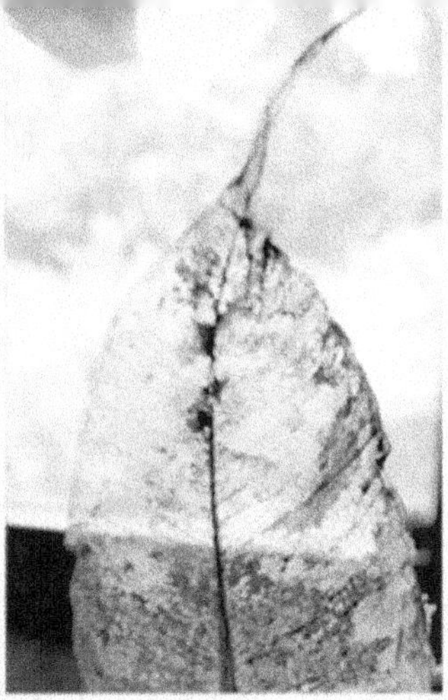

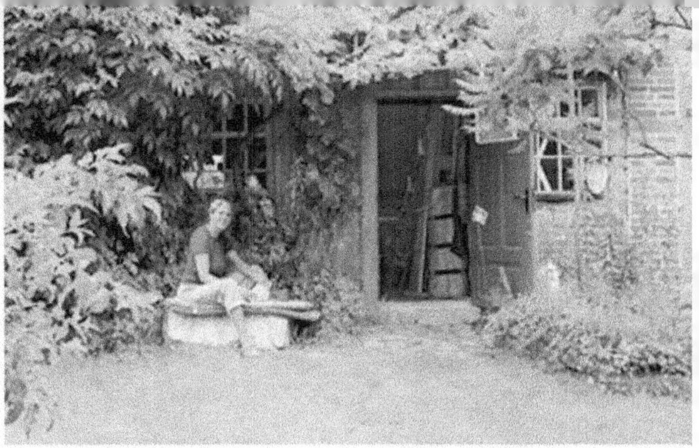

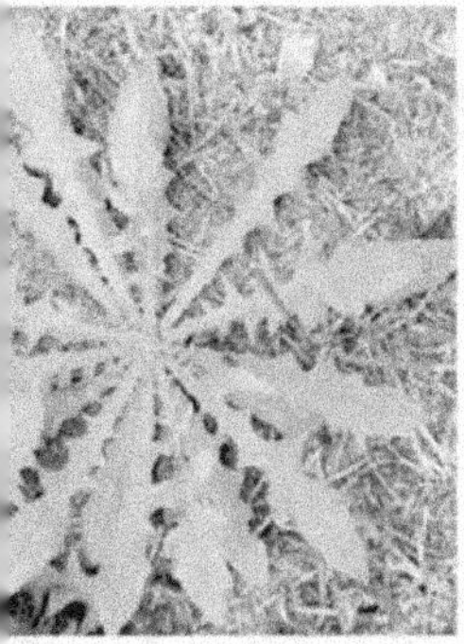

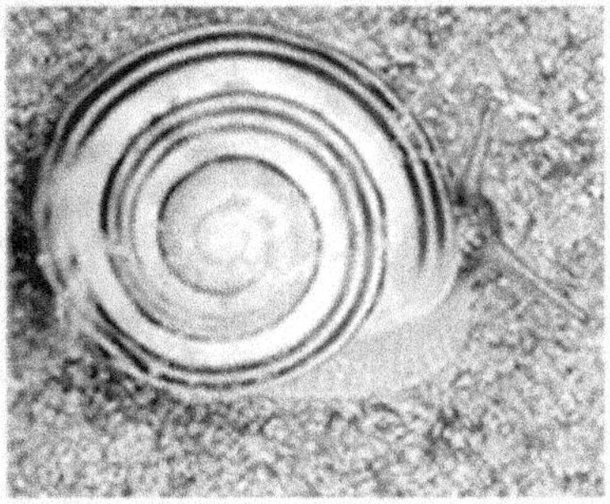

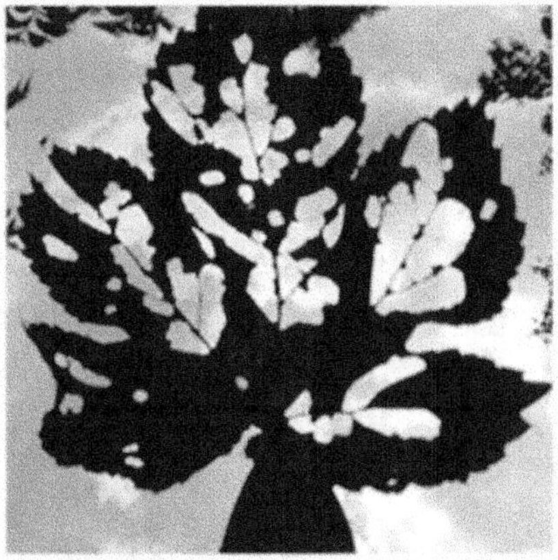

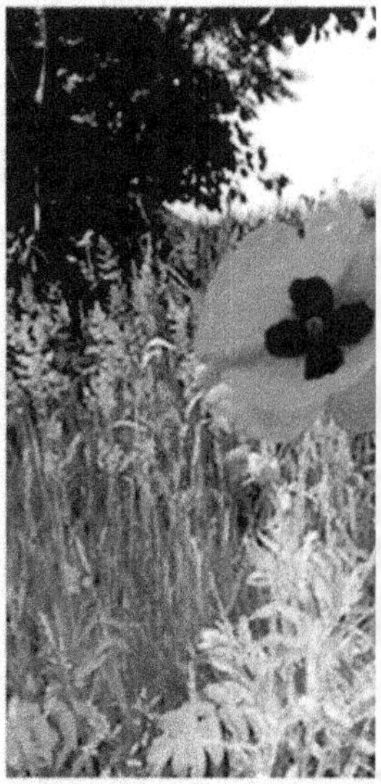

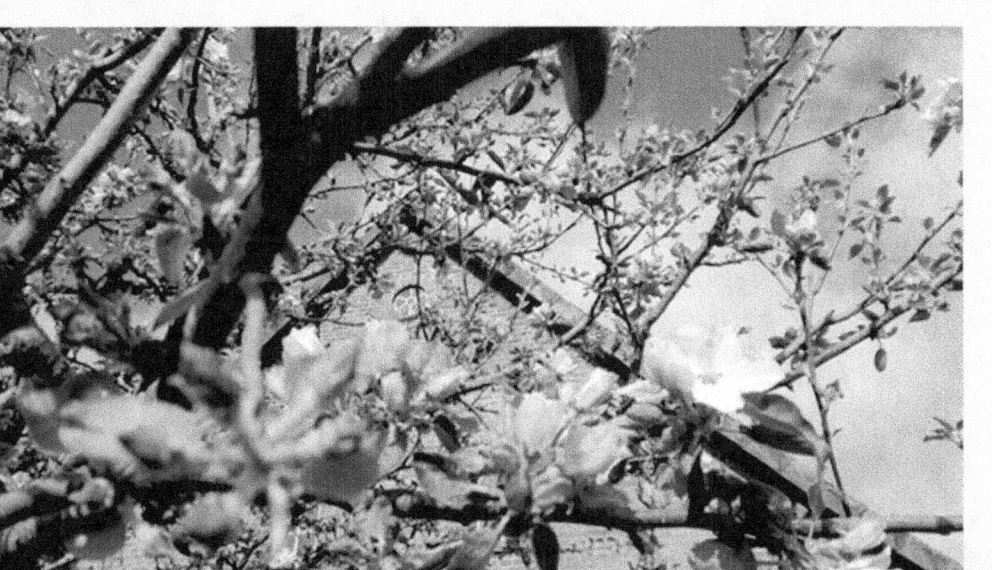
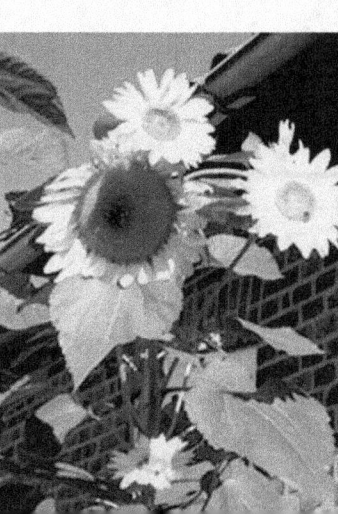

Mandalas und Natur

Ein persönlicher Rundgang durch das Jahr und den Garten.
Monotypie bedeutet Einmaldruck. Jedes Pflanzenblatt wurde von Heidrun Siebeneicker als Original-Druckstempel direkt aus ihrem Garten ausgewählt. Den Druck eines jeden Pflanzen-Mandalas gibt es in dieser Form nur einmal, jeder ist ein Unikat.
Als immerwährender Kalender wird dieses Buch zu einem ganz persönlichen, schönen Jahresbegleiter.

Heidrun Siebeneicker ist freischaffende Künstlerin und Pädagogin. Sie lebt und arbeitet in der Nähe von Bremen auf dem Land. Ihre Motive und Inspiration nimmt sie direkt aus dem Garten. Sie arbeitet regelmäßig mit experimentellen Druckverfahren und Monotypie.

Mandala and Nature

A walk through the year and the garden.
Monoprint means every print is unique. Every leaf was selected by Heidrun Siebeneicker, directly from her garden. Every plant manadala is an unique print.

Heidrun Siebeneicker is a freelance artist and educator. She lives and works in the countryside near Bremen/Germany.

www.heidrun7eicker.de

Bibliografische Information der Deutschen Nationalbibliothek:
Die deutsche Nationalbibliothek verzeichnet diese Publikation in der Deutschen Nationalbibliografie; detaillierte bibliografische Daten sind im Internet über http://dnb.dnb.de abrufbar.

© Heidrun Siebeneicker, 2019
Herstellung und Verlag: BoD - Books on Demand, Norderstedt
ISBN: 9783749467419

www.ingramcontent.com/pod-product-compliance
Lightning Source LLC
Chambersburg PA
CBHW082225220526
45470CB00010B/3306